NUDELN

Rezepte aus aller Welt

> Autorin: **Cornelia Schinharl** | Fotos: **FoodPhotography Eising**

Inhalt

Extra

Nudeln machen glücklich

Schlicht oder edel, superschnell fertig oder knusprig aus dem Ofen serviert, europäisch oder international – Nudeln können jeden Tag auf dem Tisch stehen. Sie schmecken köstlich, gelingen leicht, machen kaum Arbeit und lassen sich so wunderbar abwandeln, dass sie immer wieder anders schmecken. Lassen Sie sich anstecken von der weltweiten Nudelleidenschaft!

Nudeln aus aller Welt

... und asiatische Nudeln.

1 | Vielfalt überall

Was die Vielfalt der Formen angeht, sind Nudeln einfach unschlagbar. Dabei sind die Grundzutaten, aus denen die teils kunstvollen Gebilde bestehen, denkbar einfach: Wasser, Salz und feiner Hartweizengrieß oder Mehl, manchmal auch Eier. Nach dem Kneten und Formen werden sie getrocknet und verpackt.

2 | Die Langen

Das sind Spaghetti – ob dünn oder dick –, Bandnudeln in unterschiedlicher Breite und die dicken Makkaroni mit dem Loch in der Mitte. Alle sind etwa 30 cm lang und gerade. Am besten passen zu den Langen einfache oder

1 *Gleichermaßen beliebt: europäische ...*

dickflüssige, sämige Saucen wie Tomatensauce und das klassische Ragù alla bolognese, aber auch Butter und Käse oder Öl und Knoblauch. Dünne Saucen rutschen an den glatten Nudeln leicht ab.

3 | Die Kurzen

Rigatoni, Penne, Farfalle oder Orecchiette haben Öffnungen und Einbuchtungen und oft zusätzlich gerillte Oberflächen. Da sie dadurch viel Sauce aufnehmen, passen sie am besten zu gehaltvollen Saucen. Aufläufe und Salate gelingen bestens mit den Kurzen.

4 | Die Bunten

Abwechslung auf den Teller bringen gefärbte Nudeln. Grüne Nudeln sind meist mit Spinatsaft gefärbt, rote mit Tomaten- oder Rote-Bete-Saft, schwarze mit der Tinte von Tintenfischen. Besonders würzige Nudeln werden mit Peperoncini, getrockneten Steinpilzen oder aromatischen Kräutern wie Salbei zubereitet. Die Sauce wählt man passend zu den Nudeln: milde zu kräftig schmeckender Pasta etc.

5 | Die Vollwertigen

Gesünder als die Weißen sind sie allemal, aber nicht immer schmecken sie auch so gut. Wer Nudeln aus dem vollen Korn möchte, muss vielleicht etwas suchen, bis er seine Lieblingssorte findet. Kleiner Tipp: Die italienischen Sorten machen auch hier meist das Rennen.

6 | Die Asiatischen

In China verwendet man hauptsächlich Eiernudeln und Glasnudeln, in Japan Weizen- und Buchweizennudeln, in Thailand Reisnudeln. Man isst sie in der Suppe, gebraten aus dem Wok oder auch gefüllt wie Ravioli.

Nudelpartner: Schnell und gut

Dosentomaten: Sie sollten im Vorratskeller nie fehlen, denn mit ein bisschen Öl, getrockneten Kräutern und vielleicht einem Peperoncino wird daraus in Minutenschnelle eine Pastasauce. Einfach klein schneiden und sämig einkochen lassen.

Pesto: Es gibt Pesto im Glas, Sie können es auch selber machen: 2 Bund Kräuter (Basilikum, Rucola, Petersilie) mit 50 g Nüssen (Pinienkerne, Mandeln) und 50 ml Öl im Mixer zerkleinern. 2–3 EL geriebenen Parmesan oder Pecorino dazu, salzen und pfeffern.

Knoblauch: Knoblauch und Öl, fertig ist eine der einfachsten Pastasaucen. Wichtig: Der Knoblauch darf im Öl nicht braun werden, sonst schmeckt er bitter. Beim Einkauf pralle Knollen, am besten mit rosa Häutchen, wählen. Grüne Triebe immer entfernen.

Chilischoten: Chilis haben die Schärfe, die ideal zu Teigwaren passt. Getrocknete Chilis im Mörser zerstoßen oder mit den Fingern (nachher gut waschen!) zerkrümeln. Vorsicht: Frische Chilis sind mit Kernen und Trennwänden besonders scharf.

Käse: Parmesan kennt jeder, Pecorino auch. Aber zu Nudeln passen auch andere Sorten: Ricotta salata, den man wie Feta fein zerkrümeln kann, Gorgonzola oder Mozzarella, die so leicht schmelzen. Käse immer frisch zerkleinern.

Olivenöl: In Italien steht immer eine Flasche davon auf dem Tisch. Ein kleiner Schuss Olivenöl »extra vergine« verleiht der dampfenden Pasta noch mehr Aroma. Ein wenig Käse dazu, fertig ist ein herrliches Pastagericht.

5

Einzelporträts

Lang, dünn und rund: Sicher die Klassiker unter den Nudelsorten sind Spaghetti und Co. Co sind die dünneren Spaghettini, Fedelini oder Capellini, aber auch die etwas dickeren Spaghettoni, dazu Perciatelli und Bucatini, mit einem ganz kleinen Loch in der Mitte.

Lang, dick und rund: Makkaroni hat in Neapel schon Goethe kennen gelernt. Die langen, dicken und hohlen Nudeln sind auch nach dem Kochen ziemlich störrisch, Durchbrechen vor dem Kochen ist also erlaubt. Ähnlich sehen Zite und Zitoni aus.

Lang und flach: Bandnudeln heißen in Italien Linguine oder Trenette (schmal), Fettuccine oder Tagliatelle (mittel) und Pappardelle (extra breit). Reginette haben zudem einen gewellten Rand. Und auch Lasagne oder Lasagnette können Bandnudeln sein.

Gedreht und geformt: Schmetterlingsnudeln heißen Farfalle, gebogen und leicht verdreht sind Casarecce, Fusilli und Eliche oder Spiralnudeln sind gedreht. Orecchiette und Cavatelli haben Öhrchen- oder Krawattenform.

Dick, hohl und kurz: Penne gibt es glatt (lisce) oder gerillt (rigate), sie haben schräge Enden. Kurz und glatt abgeschnitten sind Rigatoni und Tortiglioni sowie die sehr kurzen Ditali.

Zum Füllen: Die großen Verwandten der Conchiglie (Muschelnudeln), die Conchiglioni, sowie die schneckenförmig gedrehten Lumaconi eignen sich besonders gut zum Füllen.

Zum Füllen und Schichten:
Lange Röhren wie Cannelloni und große Platten wie Lasagne gibt es in zwei Varianten: solche, die man ohne Vorkochen verwenden kann, und solche, die man vorkochen muss. Letztere machen zwar mehr Arbeit, schmecken aber meist besser.

Kritharaki: Sie sehen aus wie Reiskörner, sind aber Nudeln aus Mehl, Wasser und Salz. Sie bekommen sie in griechischen Lebensmittelgeschäften. In Italien heißen sie auch Orzo oder Risoni.

Glasnudeln: Sie sind fast durchsichtig und werden aus gemahlenen Mungobohnen (einer Sojabohnenart), etwas Kartoffelstärke und Wasser hergestellt. Die Nudeln sind dünn und hart und meist sehr lang.

Reisnudeln: Es gibt sie breit wie Tagliatelle, mittelbreit oder auch so dünn wie Spaghetti. Reisnudeln werden aus gemahlenem Reis und Wasser hergestellt. Trocken sehen sie glasig aus, beim Garen werden sie weiß.

Buchweizennudeln: Berühmt sind die japanischen Nudeln aus Buchweizen- und etwas Weizenmehl, das die Teigbeschaffenheit verbessert. Sie heißen Sobanudeln und sind hellgrau. In der Schweiz und in Südtirol gibt es Pizokel oder Pizzoccheri.

Asiatische Weizennudeln: In Japan gibt es Udonnudeln aus Weizenmehl und Wasser, aber auch andere Weizennudeln. In der chinesischen Küche kennt man viele Weizennudeln, mal mit, mal ohne Ei. Dort sind auch vorgegarte Instantnudeln sehr beliebt.

Nudeln kochen

Viel brauchen Sie nicht dafür, aber das wenige muss stimmen. Einen Topf, der groß genug ist für Wasser und Nudeln, einen Kochlöffel zum Umrühren und ein Sieb zum Abtropfen, und schon ist die Minimalausstattung komplett. Wer dazu noch eine Spaghettizange und eine Käsereibe sein Eigen nennt, kann rundherum zufrieden sein.

FÜR 4 PERSONEN
➤ 400–500 g Nudeln
(je nach Hunger und Gehalt der Sauce)
4 EL Salz

TIPP

Erschrecken verboten

Nudeln kleben zusammen, wenn man sie nach dem Garen lange stehen lässt, deshalb gleich mit der Sauce oder mit 1–2 EL Olivenöl oder Butter mischen. Beim Abschrecken werden sie sehr schnell kalt. Das ist nur sinnvoll, wenn Sie daraus Salat oder einen Auflauf zubereiten möchten.

1 4–5 l Wasser (pro 100 g Nudeln rechnet man etwa 1 l) in den Topf füllen und zum Kochen bringen.

2 Wenn das Wasser kocht, das Salz hinzufügen. Das bringt es kräftig zum Aufwallen. Nun die Nudeln hineingeben.

3 Lange Nudeln mit dem Kochlöffel ins Wasser drücken und während des Kochens gelegentlich umrühren.

4 Nach 8 Min. die erste Bissprobe machen: In der Mitte sollte noch ein winziger (!) fester Kern sein. Nudeln abgießen.

Garmethoden

Spätzle kochen

Im Spätzlehobel wird der Teig (Rezept S. 10) im Einsatz hin und her gehobelt. Es fallen kurze Teigstücke ins Wasser. Durch die Spätzlepresse kann man auch längere Nudeln pressen. Und wer keines der Geräte hat, streicht den Teig auf ein feuchtes Holzbrett und schabt davon mit einem langen Messer schmale Streifen Teig in das kochende Salzwasser. Sobald die Spätzle an die Oberfläche steigen, sind sie fertig. Mit einem Schaumlöffel herausfischen und abtropfen lassen.

Glasnudeln

Bevor man sie zu Salat oder in der Suppe verarbeiten kann, müssen Glasnudeln mindestens 10 Min. in Wasser quellen, bis sie biegsam werden. Dann abtropfen lassen und kleiner schneiden – am besten mit der Küchenschere. Danach brauchen sie nur ganz kurz gegart bzw. nur erhitzt zu werden. Andere Möglichkeit: die trockenen Nudeln in heißem Fett frittieren. Sie werden dabei groß, schneeweiß und knusprig.

Reisnudeln vorbereiten

Sie können so dünn sein wie Glasnudeln, aber auch so dick wie Tagliatelle. Dickere Nudeln werden 3–4 Min. in kochendem Wasser gegart, dünne sollten Sie wie Glasnudeln einweichen und dann nur ganz kurz garen.

Chinesische Eiernudeln

Die meisten werden in Salzwasser gekocht wie alle anderen Nudeln. Eine Ausnahme sind die so genannten Instantnudeln. Sie sind vorgegart und müssen nur in kochendes Wasser gelegt werden. Den Topf sofort vom Herd ziehen und die Nudeln darin etwa 4 Min. ziehen lassen. Dann mit zwei Gabeln lockern und abgießen.

Nudeln selber machen

Selbst gemachte Pasta ist etwas ganz Besonderes, hat nur leider den Ruf, viel Arbeit zu machen. Ganz zu Unrecht, denn mit einer Nudelmaschine mit Handkurbel ist der Aufwand gering und das Ergebnis umso beeindruckender.

FÜR 6 PERSONEN
➤ **400 g Mehl**
1 gestrichener TL Salz
4 Eier
1 EL Olivenöl

TIPP

Spätzleteig

Für 4 Personen 350 g Mehl mit 1 TL Salz, 3 Eiern und etwa 175 ml Wasser zu einem zähflüssigen Teig verrühren. Etwa 30 Min. quellen lassen. Wenn Sie die Spätzle vom Brett schaben, sollte der Teig dicker sein, als wenn Sie eine Spätzlepresse verwenden.

1 *Mehl mit Salz, Eiern und Öl auf der Arbeitsfläche etwa 5 Min. lang zu einem glatten, geschmeidigen Teig verkneten.*

2 *Den Teig zu einer Kugel formen, in ein bemehltes Tuch oder in Frischhaltefolie wickeln und etwa 30 Min. ruhen lassen.*

3 *Den Teig portionsweise auf wenig Mehl oder besser in der Nudelmaschine dünn ausrollen.*

4 *Den ausgerollten Teig zum Füllen verwenden, mit der Nudelmaschine weiterverarbeiten oder mit einem scharfen Messer schneiden.*

Feine Füllungen für Ravioli

Ricottafüllung

Die Blättchen von 1 Bund Basilikum abzupfen oder 1 Bund Rucola waschen und mit 1–2 geschälten Knoblauchzehen sehr fein hacken. Mit 400 g weichem Ricotta, 120 g frisch geriebenem Parmesan oder Pecorino und 1 großen Ei mischen und mit Salz, Pfeffer und eventuell etwas Zitronenschale abschmecken.

Kartoffelfüllung

400 g Kartoffeln waschen und in der Schale weich kochen. Ausdampfen lassen, schälen und noch heiß durch die Kartoffelpresse drücken (nicht pürieren). 1 Bund Minze waschen, trockenschütteln und mit 1 EL schwarzen Oliven fein hacken. Mit 250 g Ziegenfrischkäse unter die Kartoffeln mischen und mit Salz und Pfeffer pikant abschmecken.

Fleischfüllung

1 kleine Zwiebel schälen, würfeln, mit 80 g gewürfeltem Speck ausbraten. 250 g Kalbsschnitzel oder Hähnchenbrustfilet würfeln und mitbraten. Abgekühlt mit ein paar Salbeiblättern fein pürieren. 2 EL Sahne, 100 g Kalbsbrät, 1 Ei und 2 EL frisch geriebenen Parmesan untermischen und alles mit Salz und Pfeffer abschmecken.

Rucola-Tomaten-Füllung

1 großes Bund Rucola verlesen, waschen und gut trockenschütteln. Mit 100 g getrockneten, in Öl eingelegten Tomaten und 50 g geschälten Mandeln oder Pinienkernen pürieren. Mit 150 g Frischkäse und 100 g frisch geriebenem Käse (Parmesan, Pecorino) verrühren und mit Salz und reichlich Pfeffer abschmecken.

Nudeln ganz pur

Wenig Zeit, aber Lust auf ein einfaches Nudelgericht? Dann sind Sie in diesem Kapitel goldrichtig. Denn hier kommen die Nudeln mit ganz wenigen Zutaten so richtig gut zur Geltung. Da lohnt es sich, auch einmal etwas teurere Nudeln zu kaufen. Die sind oft mit hochwertigeren Zutaten schonender zubereitet und getrocknet und schmecken dadurch einfach noch besser.

Blitzrezepte

Casarecce mit Pecorino und Pfeffer

FÜR 4 PERSONEN

➤ 400 g Casarecce (ersatzweise Spaghetti oder schmale Bandnudeln) | Salz
100 g junger Pecorino | 4 EL Olivenöl
Pfeffer, grob gemahlen

1 | Die Nudeln in reichlich Salzwasser nach Packungsaufschrift al dente kochen. Inzwischen den Käse von der Rinde befreien und in kleine Stücke zerkrümeln.

2 | Nudeln abgießen und mit dem Käse und dem Öl mischen. In vorgewärmte Teller verteilen, mit Pfeffer übermahlen und sofort servieren.

Penne mit Walnüssen und Basilikum

FÜR 4 PERSONEN

➤ 400 g Penne (ersatzweise Fusilli) | Salz
2 Bund Basilikum | 80 g Walnusskerne
80 g Parmesan (ersatzweise Pecorino)
5 EL Olivenöl | Pfeffer, frisch gemahlen

1 | Die Nudeln in reichlich Salzwasser al dente kochen. Währenddessen die Basilikumblättchen abzupfen, mit den Walnusskernen und dem Käse im Mixer fein zerkleinern. Mit dem Öl mischen und mit Pfeffer abschmecken.

2 | 3–4 EL heißes Nudelkochwasser unter die Walnusspaste rühren. Nudeln abgießen, mit der Sauce mischen und in vorgewärmten Tellern servieren.

gelingt leicht
preiswert

Linguine mit Zwiebeln und Balsamico

FÜR 4 PERSONEN

➤ 400 g Linguine
  Salz
  250 g rote Zwiebeln
  10 getrocknete Tomaten (in Öl eingelegt)
  4 EL Olivenöl
  4 EL Aceto balsamico
  Pfeffer, frisch gemahlen
  50 g Pecorino, frisch in feine Späne gehobelt

🕐 Zubereitung: 20 Min.
➤ Pro Portion ca.: 519 kcal

1 | Für die Nudeln reichlich Wasser zum Kochen bringen und salzen. Die Nudeln darin nach Packungsaufschrift al dente garen.

2 | Gleichzeitig die Zwiebeln schälen, halbieren und in feine Streifen schneiden. Die getrockneten Tomaten abtropfen lassen und ebenfalls in Streifen schneiden.

3 | Das Olivenöl erhitzen, die Zwiebelstreifen darin bei mittlerer Hitze glasig und leicht braun werden lassen. Die Tomaten hinzufügen, mit dem Aceto balsamico ablöschen und mit Salz und Pfeffer würzen. Auf der abgeschalteten Kochplatte zugedeckt ziehen lassen.

4 | Die Nudeln abgießen und gut abtropfen lassen, mit der Zwiebelsauce mischen und auf vorgewärmte Teller verteilen. Mit Pecorinospänen bestreuen und servieren.

➤ Getränke: trockener Weißwein oder Rosé

TIPP Wer möchte, kann die Nudeln zusätzlich mit kleinen Basilikumblättchen garnieren.

asiatisch | für Gäste

Buchweizennudeln mit Sesamspinat

FÜR 4 PERSONEN

➤ 450 g TK-Blattspinat
  400 g japanische Buchweizennudeln
  Salz
  3 EL helle Sesamsamen
  2 EL Sojasauce
  1 EL Reiswein (nach Belieben; ersatzweise trockener Sherry)
  2 TL Zucker

🕐 Zubereitung: 30 Min.
➤ Pro Portion ca.: 412 kcal

1 | Den Spinat nach Packungsanweisung garen. Für die Nudeln reichlich Wasser zum Kochen bringen. Die Nudeln darin bissfest kochen.

2 | Die Sesamsamen in einer Pfanne ohne Fett bei mittlerer Hitze unter Rühren leicht anrösten. In den Mörser füllen und so fein wie möglich zerdrücken. Die Sesamsamen mit der Sojasauce und dem Reiswein verrühren und mit dem Zucker abschmecken.

3 | Den Spinat und die Nudeln abtropfen lassen, mit der Sesamsauce mischen und sofort servieren.

➤ Getränke: Bier oder grüner Tee

preiswert
Spezialität aus Süditalien

Spaghetti mit gerösteten Brotbröseln

FÜR 4 PERSONEN

➤ 1/2 Bund Petersilie
2 Knoblauchzehen
6 Sardellenfilets (in Öl)
400 g Spaghetti
6 EL Olivenöl
60 g Semmelbrösel
2 getrocknete Peperoncini
Salz

🕐 Zubereitung: 20 Min.
➤ Pro Portion ca.: 565 kcal

1 | Die Petersilie waschen, die Blättchen abzupfen. Den Knoblauch schälen. Beides sehr fein zerkleinern. Die Sardellenfilets abtropfen lassen und grob hacken. Die Nudeln nach Packungsaufschrift al dente kochen.

2 | Das Olivenöl in einer Pfanne erhitzen und die Semmelbrösel unter gelegentlichem Rühren darin goldbraun anrösten. Sardellen, Knoblauch und Petersilie kurz mitbraten. Alles mit zerkrümelten Peperoncini würzen und mit Salz

abschmecken. Die Nudeln abgießen und mit den Bröseln mischen.

➤ Getränk: kräftiger Rotwein, z. B. Primitivo oder Aglianico

TIPP Wer die Sauce sämiger mag, gibt etwas Nudelkochwasser an die gerösteten Brösel oder mischt frische Tomatenwürfel darunter.

Spezialität aus der Schweiz

Älplermagronen

FÜR 4 PERSONEN

➤ 400 g fest kochende Kartoffeln
Salz
250 g Hörnchennudeln
3 Zwiebeln
1 EL Butter
1 EL Öl
250 g Appenzeller, frisch gerieben (ersatzweise Bergkäse)
Pfeffer, frisch gemahlen
150 ml Milch
150 g Sahne

🕐 Zubereitung: 30 Min.
🕐 Backzeit: 10 Min.
➤ Pro Portion ca.: 728 kcal

1 | Die Kartoffeln schälen, waschen und in etwa 2 cm große Würfel schneiden. Mit 1/2 l Salzwasser zum Kochen bringen. Die Nudeln hinzufügen und beides zusammen in etwa 8 Min. bissfest kochen.

2 | Inzwischen die Zwiebeln schälen, halbieren und in feine Streifen schneiden. Butter mit Öl erhitzen und die Zwiebeln darin weich und goldbraun braten.

3 | Den Backofen auf 200° vorheizen. Die Kartoffel-Nudel-Mischung in ein Sieb abgießen und abtropfen lassen, dann lagenweise mit Käse in eine feuerfeste Form schichten. Dabei jeweils etwas Pfeffer dazwischenmahlen. Restlichen Käse obenauf streuen.

4 | Die Zwiebeln auf der Oberfläche verteilen. Milch und Sahne erhitzen und darüber gießen. Die Magronen im heißen Ofen (Mitte, Umluft 180°) etwa 10 Min. überbacken, bis der Käse geschmolzen ist.

➤ Beilage: Apfelmus
➤ Getränke: Bier, Apfelsaft oder auch Kaffee

im Bild hinten: **Spaghetti mit gerösteten Brotbröseln** *im Bild vorne:* **Älplermagronen** ➤

vegetarisch | schnell

Bandnudeln mit Zitrone

FÜR 4 PERSONEN

➤ 400 g Bandnudeln
Salz
1 unbehandelte Zitrone
1 Bund Basilikum
1 EL Olivenöl
150 g weicher Ricotta
Pfeffer, frisch gemahlen

🕐 Zubereitung: 20 Min.
➤ Pro Portion ca.: 453 kcal

1 | Die Bandnudeln in reichlich Salzwasser al dente kochen.

2 | Die Zitrone heiß waschen und abtrocknen, die Schale dünn abschälen und in feine Streifen schneiden. Saft auspressen. Basilikum abzupfen.

3 | Die Zitronenschale kurz im Öl anbraten. Die Kräuter, 4–5 EL Nudelkochwasser und 3 EL Zitronensaft dazugeben und erhitzen, Ricotta untermischen, mit Salz und Pfeffer abschmecken. Nudeln abgießen und mit der Sauce mischen.

---

preiswert | schnell

Scharfe Fusilli mit Käse

FÜR 4 PERSONEN

➤ 400 g Fusilli
Salz
4 Knoblauchzehen
2 frische Peperoncini (ersatzweise getrocknete)
125 g Mozzarella
4 EL Olivenöl

🕐 Zubereitung: 20 Min.
➤ Pro Portion ca.: 522 kcal

1 | Die Nudeln in reichlich Salzwasser al dente kochen.

2 | Knoblauch schälen und in Stifte schneiden. Die frischen Peperoncini waschen, vom Stiel befreien und in schmale Ringe schneiden, die getrockneten zerkrümeln. Den Mozzarella würfeln.

3 | Wenn die Nudeln fast gar sind, Öl mit Knoblauch und Peperoncini bei schwacher Hitze erwärmen (der Knoblauch darf nicht braun werden!). Die Nudeln abgießen und mit dem Knoblauchöl und dem Käse mischen.

---

gut vorzubereiten

Spaghetti mit Olivenpesto

FÜR 4 PERSONEN

➤ 400 g Spaghetti
Salz
2 EL entsteinte grüne Oliven
2 EL Pinienkerne
2 EL Parmesan, frisch gerieben
5 EL Olivenöl
Salz
Pfeffer, frisch gemahlen

🕐 Zubereitung: 20 Min.
➤ Pro Portion ca.: 537 kcal

1 | Die Spaghetti in reichlich Salzwasser al dente kochen.

2 | Inzwischen die Oliven mit den Pinienkernen, dem geriebenen Parmesan und dem Öl im Mixer fein pürieren. Mit Salz und Pfeffer würzen.

3 | Die Olivenpaste mit 4 EL heißem Nudelkochwasser verrühren. Die Nudeln abgießen und mit der Sauce mischen. In vorgewärmten Tellern servieren.

Nudeln mit Gemüse

Nudeln kommen gut allein zurecht, aber sie lassen sich auch gerne begleiten. Am liebsten von feinem Gemüse und zarten Kräutern. Niemand wird Fleisch vermissen, wenn die feinen Teigwaren – wie in diesem Kapitel – mit einer würzigen Sauce oder auch einmal mit einer feinen vegetarischen Füllung zubereitet werden. Oder sogar knusprig aus dem Ofen kommen.

Blitzrezepte

Penne mit Tomatencreme

FÜR 4 PERSONEN

➤ 400 g Penne | Salz | 1 kleine Dose geschälte Tomaten (400 g) | 2 Knoblauchzehen | 150 g Crème fraîche | 1 TL Tomatenmark | Pfeffer, frisch gemahlen Basilikum zum Bestreuen

1 | Die Nudeln in reichlich Salzwasser bissfest garen. Inzwischen die Tomaten abtropfen lassen (Saft für ein anderes Gericht verwenden) und sehr klein schneiden. Knoblauch schälen und durch die Presse drücken.

2 | Tomaten, Knoblauch und Crème fraîche erhitzen. Mit Tomatenmark, Salz und Pfeffer abschmecken und leicht einkochen lassen. Nudeln abgießen, mit der Sauce mischen und mit Basilikum bestreut servieren.

Tagliatelle mit Spinatsauce

FÜR 4 PERSONEN

➤ 400 g Tagliatelle (ersatzweise Linguine) Salz | 400 g TK-Spinat-Minis | 2 eingelegte grüne Peperoni | 100 g Sahne 1 Döschen gemahlener Safran (0,1 g) Pfeffer, frisch gemahlen | Parmesan, frisch gerieben (ersatzweise Feta)

1 | Die Nudeln in reichlich Salzwasser al dente kochen. Währenddessen die Spinat-Minis erwärmen. Die Peperoni fein hacken und mit der Sahne und dem Safran dazugeben. Die Sauce mit Salz und Pfeffer abschmecken.

2 | Die Nudeln abgießen und mit der Sauce mischen. Mit geriebenem Parmesan oder zerkrümeltem Feta bestreut servieren.

schnell | macht was her

Pappardelle mit Paprikaschoten und Mohn

FÜR 4 PERSONEN

➤ je 1 rote und gelbe
  Paprikaschote
  1 Bund Rucola
  400 g Pappardelle
  (ersatzweise Tagliatelle)
  Salz
  2 EL Olivenöl
  3 EL Mohnsamen
  Pfeffer, frisch gemahlen

🕐 Zubereitung: 25 Min.
➤ Pro Portion ca.: 451 kcal

1 | Die Paprikaschoten waschen, vierteln und putzen, dann quer in dünne Streifen schneiden. Den Rucola waschen und grob zerkleinern.

2 | Die Nudeln in reichlich Salzwasser al dente kochen. Gleichzeitig das Öl in einer Pfanne erhitzen. Die Mohnsamen darin etwa 1 Min. unter Rühren anbraten. Die Paprikastreifen dazugeben und alles noch etwa 5 Min. weiterbraten, bis die Paprikastreifen gerade noch bissfest sind. Mit Salz und Pfeffer würzen.

3 | Die Nudeln abgießen, mit dem Rucola in die Pfanne geben und gut mischen.

➤ Getränk: trockener Weißwein, z. B. Grüner Veltliner

preiswert
gut vorzubereiten

Krautfleckerl

FÜR 4 PERSONEN

➤ 300 g Mehl
  Salz
  3 Eier
  3 EL Öl
  700 g Weißkohl
  1 Bund Petersilie
  1/8 l Gemüsebrühe
  1 TL Kümmel
  1 EL Zitronensaft (ersatzweise Essig)

🕐 Zubereitung: 1 Std.
🕐 Ruhezeit: 30 Min.
➤ Pro Portion ca.: 426 kcal

1 | Für den Teig das Mehl mit 1 TL Salz mischen. Die Eier und 1 EL Öl dazugeben und alles zu einem geschmeidigen Teig verkneten. Teig in ein Tuch wickeln und etwa 30 Min. ruhen lassen.

2 | Den Teig dann auf wenig Mehl dünn ausrollen und mit dem Messer oder Teigrädchen in ungleichmäßige Quadrate oder Rauten (Fleckerl) schneiden.

3 | Den Kohl waschen und ebenfalls in unregelmäßige Stücke schneiden. Die Petersilie waschen, trockenschütteln und fein schneiden.

4 | Das übrige Öl erhitzen und die Kohlstücke darin anbraten. Petersilie und Gemüsebrühe dazugeben, mit Kümmel und Salz abschmecken und zugedeckt bei mittlerer Hitze in etwa 8 Min. bissfest garen.

5 | Die Nudeln in reichlich Salzwasser in etwa 3 Min. al dente kochen. Kohl mit Zitronensaft abschmecken, Nudeln abgießen und damit mischen.

TIPP Statt bayerisch mit Kümmel, können Sie die Krautfleckerl auch einmal »alla Mittelmeer« mit Paprikaflocken würzen und mit zerkrümeltem Schafkäse bestreuen.

vegetarisch
gelingt leicht

Farfalle mit Schafkäse

FÜR 4 PERSONEN

➤ 250 g Spinat
Salz
2 gelbe Paprikaschoten
(nach Geschmack auch
je 1 gelbe und rote)
1 rote Zwiebel
2 eingelegte grüne Peperoni
400 g Farfalle
2 EL Olivenöl
50 ml trockener Weißwein
(ersatzweise Gemüsebrühe)
1 Bund Petersilie
150 g Schafkäse (Feta)

🕑 Zubereitung: 30 Min.
➤ Pro Portion ca.: 519 kcal

1│ Den Spinat verlesen und gut waschen. Spinat in wenig Salzwasser in etwa 1 Min. zusammenfallen lassen. Abgießen, eiskalt abschrecken und abtropfen lassen.

2│ Die Paprikaschoten waschen, halbieren, putzen und in Rauten schneiden. Die Zwiebel schälen, vierteln und in Streifen, die Peperoni in Ringe schneiden. Die Nudeln al dente garen.

3│ Inzwischen das Öl erhitzen, die Zwiebelstreifen darin anbraten. Paprika und Peperoni ein paar Minuten mitbraten. Mit dem Wein ablöschen, salzen und zugedeckt bei schwacher Hitze etwa 5 Min. schmoren lassen. Die Petersilie waschen, die Blättchen fein hacken. Den Schafkäse zerkrümeln und mit der Petersilie vermischen.

4│ Den Spinat unter das Paprikagemüse rühren und heiß werden lassen. Die Nudeln abgießen und mit dem Gemüse mischen. Mit der Käsemischung bestreut servieren.

herzhaft │ gelingt leicht

Linguine mit Käsesauce

FÜR 4 PERSONEN

➤ 1 Fenchelknolle (220 g)
etwa 100 g Radicchio
400 g Linguine
Salz
100 g Gorgonzola
100 g Pecorino, frisch gerieben
2 EL Öl
1/8 l Gemüsebrühe
125 g Sahne
1 EL Pinienkerne
Pfeffer, frisch gemahlen

🕑 Zubereitung: 25 Min.
➤ Pro Portion ca.: 677 kcal

1│ Den Fenchel waschen, der Länge nach vierteln und quer in feine Streifen schneiden. Den Radicchio waschen und die Blätter ebenfalls in feine Streifen schneiden.

2│ Die Nudeln in reichlich Salzwasser al dente kochen. Inzwischen den Gorgonzola klein würfeln und mit dem Pecorino mischen. Den Fenchel im Öl anbraten. Radicchiostreifen dazugeben und zusammenfallen lassen.

3│ Die beiden Käsesorten, die Gemüsebrühe und die Sahne hinzufügen und alles bei schwacher Hitze etwa 5 Min. unter Rühren schmelzen.

4│ Die Pinienkerne in einer trockenen Pfanne goldgelb rösten. Die Nudelsauce mit wenig Salz und Pfeffer abschmecken. Die Nudeln abgießen, mit der Sauce mischen und mit den Pinienkernen bestreut servieren.

im Bild hinten: Farfalle mit Schafkäse   *im Bild vorne:* Linguine mit Käsesauce ➤

gut vorzubereiten
preiswert

Glasnudelsalat mit Spinat

FÜR 4 PERSONEN

➤ 150 g Glasnudeln
2 junge Möhren
300 g Blattspinat
2 EL frische Erdnusskerne
2 Knoblauchzehen
2 EL neutrales Öl
4 EL Fischsauce
4 EL Limettensaft
(ersatzweise Zitronensaft)
2 TL Sambal oelek
2 TL Zucker | Salz

🕐 Zubereitung: 35 Min.
➤ Pro Portion ca.: 268 kcal

1 | Die Glasnudeln mit lauwarmem Wasser bedeckt etwa 10 Min. quellen lassen.

2 | Inzwischen die Möhren schälen, in 5 cm lange Stifte schneiden. Den Spinat verlesen und gründlich waschen, in kochendem Salzwasser in etwa 1 Min. zusammenfallen lassen, eiskalt abschrecken.

3 | Die Erdnusskerne in einer Pfanne ohne Fett goldgelb rösten, grob hacken. Den

Knoblauch schälen und in feine Scheiben schneiden.

4 | Die Möhren und den Knoblauch im Öl bei mittlerer Hitze etwa 3 Min. braten. Die Glasnudeln abtropfen lassen und klein schneiden. Mit dem Spinat dazugeben.

5 | Fischsauce mit Limettensaft, Sambal oelek und Zucker mischen, dazugeben und gut vermischen. In eine Schüssel füllen und abkühlen lassen. Eventuell noch einmal abschmecken und mit den Erdnüssen bestreut servieren.

asiatisch | vegetarisch

Eiernudeln mit Curry-Auberginen

FÜR 4 PERSONEN

➤ 1 Aubergine (etwa 350 g)
1 Zwiebel
1 walnussgroßes Stück Ingwer
4 EL Öl
2 TL rote Currypaste
250 g Kokosmilch (Tetrapack)
Salz
400 g chinesische Eiernudeln (ersatzweise breite Reisnudeln)
1 EL Korianderblättchen

🕐 Zubereitung: 30 Min.
➤ Pro Portion ca.: 477 kcal

1 | Die Aubergine waschen und klein würfeln. Die Zwiebel schälen, halbieren und in Streifen schneiden. Den Ingwer schälen und fein hacken.

2 | Das Öl erhitzen. Die Currypaste darin anbraten. Auberginenwürfel, Zwiebelstreifen und Ingwer dazugeben und kurz mitbraten. Mit der Kokosmilch und 100 ml Wasser aufgießen, salzen und zugedeckt bei mittlerer Hitze etwa 10 Min. schmoren lassen.

3 | Die Nudeln nach Packungsaufschrift garen, dann abgießen und auf Teller oder Schälchen verteilen. Mit dem Auberginengemüse bedecken, mit Korianderblättchen bestreuen und servieren.

TIPP

Sehr dekorativ

Wer mag (und sie bekommt) kann halbierte Miniauberginen mitbraten.

Spezialität aus der Schweiz
würzig

Pizokel mit Gemüse

FÜR 4 PERSONEN

➤ 150 g Mehl
200 g Buchweizenmehl
Salz
3 Eier
1 Zwiebel
4 Zweige frischer Salbei
100 g durchwachsener Speck
1 Kohlrabi
250 g grüne Bohnen
1 rote Paprikaschote
Pfeffer, frisch gemahlen

🕐 Zubereitung: 1 Std.
➤ Pro Portion ca.: 543 kcal

1 | Beide Mehlsorten mit 1 TL Salz, Eiern und 175 ml Wasser zu einem zähflüssigen Teig verrühren. Zugedeckt etwa 30 Min. quellen lassen.

2 | Inzwischen die Zwiebel schälen und fein hacken. Den Salbei waschen und trockenschütteln, die Blätter in Streifen schneiden. Den Speck fein würfeln. Das Gemüse waschen oder schälen. Kohlrabi in feine Stifte schneiden,

Bohnen halbieren, Paprika in Streifen schneiden.

3 | Bohnen in Salzwasser etwa 8 Min. kochen, herausfischen und eiskalt abschrecken, dann die Kohlrabistifte darin etwa 3 Min. kochen und ebenfalls abschrecken.

4 | Speck, Zwiebel und Salbei erwärmen, bis der Speck glasig ist. Paprika etwa 4 Min. mitbraten. Das übrige Gemüse und 1/8 l Wasser hinzufügen, salzen, pfeffern und zugedeckt bei schwacher Hitze etwa 5 Min. schmoren lassen.

5 | Für die Pizokel Salzwasser zum Kochen bringen. Den Teig vom Brett schaben oder durch die Presse drücken. Sobald die Pizokel oben schwimmen, mit einem Schaumlöffel herausfischen und mit dem Gemüse mischen.

preiswert
gelingt leicht

Orecchiette mit Chicorée-Linsen

FÜR 4 PERSONEN

➤ 1 Zwiebel
1 EL Öl

120 g braune Linsen
350 ml Gemüsebrühe
400 g Orecchiette
Salz
250 g Chicorée
1 TL rosenscharfes Paprikapulver
1 EL Tomatenmark
1 EL Crème fraîche
2 EL Schnittlauchröllchen

🕐 Zubereitung: 1 Std.
➤ Pro Portion ca.: 525 kcal

1 | Die Zwiebel schälen, fein würfeln und in dem Öl anbraten. Die Linsen kurz mitbraten. Mit der Brühe aufgießen und zugedeckt bei mittlerer Hitze etwa 30 Min. garen, bis sie fast weich sind.

2 | Die Nudeln in reichlich Salzwasser al dente kochen.

3 | Den Chicorée waschen und in Streifen schneiden. Unter die Linsen mischen, mit Salz, Paprikapulver und Tomatenmark würzen und zugedeckt 5–10 Min. weitergaren.

4 | Die Nudeln abgießen und mit dem Linsenragout mischen. Auf Teller verteilen und mit Crème fraîche und Schnittlauch garnieren.

im Bild hinten: Pizokel mit Gemüse   *im Bild vorne:* Orecchiette mit Chicorée-Linsen ➤

gut vorzubereiten

Tiroler Schlutz-krapfen

FÜR 4 PERSONEN

➤ 100 g Roggenmehl
200 g Weizenmehl
Salz
4 Eier
400 g Spinat
1 Zwiebel
125 g Topfen
(ersatzweise Quark)
100 g Bergkäse, frisch
gerieben
2 EL Schnittlauchröllchen
Pfeffer, frisch gemahlen
80 g Butter

🕐 Zubereitung: 1 Std. 45 Min.
➤ Pro Portion ca.: 623 kcal

1 | Beide Mehlsorten mit 1 ge-strichenen TL Salz, 3 Eiern und 1 EL Wasser zu einem glatten, geschmeidigen Teig verkneten. In ein Tuch wickeln, 30 Min. ruhen lassen.

2 | Inzwischen den Spinat ver-lesen, waschen und in wenig kochendem Salzwasser in etwa 1 Min. zusammenfallen lassen. Eiskalt abschrecken, dann ausdrücken und fein hacken.

3 | Die Zwiebel schälen und reiben. Den Topfen mit der Hälfte des geriebenen Käses, dem übrigen Ei, Spinat, Zwiebel und Schnittlauch mischen, salzen und pfeffern.

4 | Den Teig auf wenig Mehl dünn ausrollen und Kreise von etwa 8 cm Durchmesser ausstechen. Jeweils mit 1 TL Füllung belegen, zu Halb-monden zusammenklappen und gut zusammendrücken.

5 | Die Schlutzkrapfen in Salz-wasser etwa 4 Min. kochen. Die Butter zerlassen und leicht braun werden lassen. Schlutzkrapfen abgießen und abtropfen lassen. Mit der braunen Butter beträufeln und mit dem übrigen Käse bestreuen.

vegetarisch

Spätzle mit Pilzen

FÜR 4 PERSONEN

➤ 350 g Mehl
3 Eier
Salz
(ersatzweise 500 g fertige Spätzle aus der Kühltheke)
400 g Champignons
1 Tomate
1 Zwiebel

2 Knoblauchzehen
1 Bund Petersilie
2 EL Butter
1/8 l trockener Weißwein
(ersatzweise Gemüsebrühe)
Pfeffer, frisch gemahlen

🕐 Zubereitung: 30 Min.
➤ Pro Portion ca.: 435 kcal

1 | Den Teig nach dem Grund-rezept auf Seite 10 zubereiten.

2 | Die Pilze putzen und in dünne Scheiben schneiden. Die Tomate waschen und würfeln. Die Zwiebel und den Knoblauch schälen und fein hacken. Petersilie waschen, Blättchen fein hacken.

3 | Zwiebel und Knoblauch in der Butter glasig braten. Die Pilze bei starker Hitze unter Rühren etwa 5 Min. mit-braten. Mit dem Wein auf-gießen, Tomatenwürfel unter-mischen. Salzen, pfeffern.

4 | Spätzle in reichlich Salz-wasser kochen. Sobald sie oben schwimmen abgießen, etwas abtropfen lassen und zu den Pilzen geben. Mit Petersi-lie bestreuen.

im Bild rechts: **Spätzle mit Pilzen**   *im Bild links:* **Tiroler Schlutzkrapfen** ➤

gelingt leicht
gut vorzubereiten

Nudelgratin mit Tomaten

FÜR 4 PERSONEN

➤ 300 g Rigatoni

400 g Cocktailtomaten

4 Knoblauchzehen

8 getrocknete Tomaten (in Öl eingelegt)

1 EL Kapern (nach Belieben)

1 getrockneter Peperoncino

1/2 Bund gemischte Kräuter (z. B. Basilikum, Oregano, Thymian und Petersilie)

4 EL Olivenöl

2 Beutel Mozzarella (250 g)

1 EL Pinienkerne

Salz | Pfeffer

🕐 Zubereitung: 35 Min.

🕐 Backzeit: 15 Min.

➤ Pro Portion ca.: 571 kcal

1 | Die Nudeln bissfest kochen, kalt abschrecken und abtropfen lassen.

2 | Die Tomaten waschen und vierteln. Den Knoblauch schälen und sehr fein hacken. Die getrockneten Tomaten würfeln, die Kapern abtropfen lassen. Den Peperoncino zerkrümeln. Die Kräuter waschen und trockenschütteln, die Blättchen fein hacken.

3 | Den Backofen auf 220° (Umluft 200°) vorheizen. Tomaten mit Knoblauch, getrockneten Tomaten, Kapern, Peperoncino und Kräutern mischen, salzen und pfeffern. Nudeln und Öl untermischen und alles in eine feuerfeste Form füllen.

4 | Den Mozzarella würfeln und mit den Pinienkernen auf den Nudeln verteilen. Im heißen Ofen (Mitte) etwa 15 Min. backen.

für Gäste
gut vorzubereiten

Conchiglioni mit Kürbisfüllung

FÜR 4 PERSONEN

➤ 250 g Conchiglioni

Salz

1 Stück Kürbis (ungeputzt etwa 600 g)

1 Bund Frühlingszwiebeln

2 EL schwarze Oliven

100 g Parmesan

50 g Walnusskerne

250 g Ricotta

1 Ei

Cayennepfeffer

🕐 Zubereitung: 40 Min.

🕐 Backzeit: 35 Min.

➤ Pro Portion ca.: 577 kcal

1 | Die Nudeln in reichlich Salzwasser al dente kochen, abschrecken und gut abtropfen lassen.

2 | Inzwischen den Kürbis schälen und die Kerne mit den Fasern entfernen. Kürbisfleisch würfeln und in wenig Salzwasser zugedeckt in etwa 10 Min. weich kochen. Abtropfen lassen und pürieren.

3 | Die Frühlingszwiebeln putzen, waschen und in feine Ringe schneiden. Die Oliven in Streifen vom Stein schneiden. Den Käse würfeln und mit den Walnusskernen im Mixer fein zerkleinern.

4 | Den Backofen auf 180° vorheizen. Das Kürbispüree mit Frühlingszwiebeln, Oliven, Käse-Nussmischung, Ricotta und Ei verrühren und mit Salz und Cayennepfeffer pikant abschmecken. In die Nudeln füllen und nebeneinander in eine feuerfeste Form legen. Im Ofen (Mitte, Umluft 160°) etwa 35 Min. backen, bis sie schön gebräunt sind.

Nudeln mit Fisch

Wer sich mal so richtig verwöhnen will, bestellt im Restaurant ein Nudelgericht mit Fisch oder Meeresfrüchten. Warum nicht auch einmal zu Hause so richtig genussvoll schlemmen? Zum Beispiel bei Farfalle mit Safrangarnelen, einer wärmenden Suppe mit Seelachsfilet oder knusprigen gefüllten Teigtaschen, wie sie die Chinesen machen.

Blitzrezepte

Fettuccine mit Räucherlachs

FÜR 4 PERSONEN

➤ 400 g Fettuccine | Salz | 1 Bund Rucola
250 g Räucherlachs | 1 EL Öl
125 g Sahne | Pfeffer, frisch gemahlen
1 TL Zitronensaft

1 | Die Fettuccine in reichlich Salzwasser al dente garen. Währenddessen den Rucola verlesen, waschen und fein schneiden. Den Räucherlachs in Streifen schneiden.

2 | Das Öl erhitzen und den Rucola darin zusammenfallen lassen. Räucherlachs und Sahne dazugeben und erwärmen. Mit Salz, Pfeffer und Zitronensaft abschmecken. Nudeln abgießen, mit der Sauce vermischt servieren.

Farfalle mit Safrangarnelen

FÜR 4 PERSONEN

➤ 400 g Farfalle | Salz | 4 Frühlingszwiebeln
1 EL Butter | 250 g gegarte geschälte
Garnelen | 1/8 l Fischfond | 1 Döschen
Safranfäden | 50 g Crème fraîche
Pfeffer, frisch gemahlen

1 | Die Farfalle in reichlich Salzwasser al dente kochen. Die Frühlingszwiebeln waschen, putzen und in 5 cm lange Streifen schneiden.

2 | Frühlingszwiebeln in der Butter etwa 2 Min. andünsten. Garnelen und Fond dazugeben. Safran in wenig Wasser auflösen, untermischen. Die Sauce etwas einkochen lassen und dann mit der Crème fraîche verfeinern, salzen und pfeffern. Nudeln abgießen und mit der Sauce mischen.

35

Spezialität aus Arabien

Scharfe Nudel- suppe mit Fisch

FÜR 4 PERSONEN

➤ 400 g Fischfilet (z. B. See- lachs oder Viktoriabarsch)

4 EL Zitronensaft

2 Möhren

2 EL Olivenöl

2 EL Tomatenmark

1 TL Harissa (scharfe Paprikapaste; nach Belieben auch mehr)

150 g Kritharaki (reiskorn- förmige Nudeln aus dem griechischen Lebensmittel- geschäft)

1 Dose gegarte Kichererb- sen (265 g Abtropfgewicht)

1 Bund Petersilie

Salz

🕒 Zubereitung: 30 Min.
➤ Pro Portion ca.: 374 kcal

1 | Fisch in mundgerechte Würfel schneiden und mit dem Zitronensaft beträufeln.

2 | Die Möhren schälen, längs vierteln und quer in feine Scheiben schneiden. In dem Öl anbraten. Tomatenmark und Harissa kurz mitbraten, dann mit gut 1 l Wasser auf- füllen.

3 | Sobald die Suppe kocht, die Nudeln hineingeben und in etwa 10 Min. darin weich köcheln lassen. Kichererbsen in einem Sieb kalt abspülen und mit dem Fisch zur Suppe geben. Zugedeckt bei schwa- cher Hitze etwa 5 Min. ziehen lassen.

4 | Inzwischen die Petersilie waschen und trockenschütteln, die Blättchen fein hacken. Die Suppe salzen und mit der Petersilie bestreut servieren.

➤ Beilage: aufgebackenes Fladenbrot

Spezialität aus China

Glasnudelsuppe mit Garnelen

FÜR 4 PERSONEN

➤ 8 getrocknete Mu-Err-Pilze

100 g Glasnudeln (ersatz- weise feine Reisnudeln)

1 Bund Frühlingszwiebeln

etwa 100 g Spinat

200 g geschälte Garnelen

1 l milde Hühnerbrühe

etwa 4 EL Sojasauce

1 EL Reisessig (ersatzweise Aceto balsamico)

1 getrocknete Chilischote

1 TL Zucker

🕒 Zubereitung: 15 Min.
🕒 Quellzeit: 30 Min.
➤ Pro Portion ca.: 220 kcal

1 | Die Pilze in einer Schale mit Wasser bedecken und etwa 30 Min. quellen lassen. Die Glasnudeln etwas später mit Wasser bedecken und 10 Min. quellen lassen.

2 | Die Frühlingszwiebeln waschen, putzen und in feine Ringe schneiden. Den Spinat waschen, die dicken Stiele entfernen. Die Garnelen ab- tropfen lassen.

3 | Pilze abtropfen lassen, Stiele entfernen. Glasnudeln abtropfen lassen und mit einer Schere klein schneiden.

4 | Die Brühe erhitzen, mit Sojasauce nach Geschmack, Reisessig, zerkrümelter Chi- lischote und Zucker würzen. Glasnudeln, Pilze und Früh- lingszwiebeln dazugeben und einmal aufkochen lassen. Den Spinat und die Garnelen untermischen, zugedeckt etwa 1 Min. leicht kochen lassen, bis die Spinatblätter zu- sammengefallen sind. Heiß servieren.

Spezialität aus China

Wan Tans mit Fischfüllung

FÜR 4 PERSONEN

➤ 400 g Fischfilet (z. B. See-
  lachs oder Rotbarsch)
  1 Stange Lauch
  1 walnussgroßes Stück
  Ingwer
  2 Knoblauchzehen
  2 EL Schnittlauchröllchen
  1 Ei
  2 EL Sesamöl
  2 EL Sojasauce
  Salz
  etwa 40 TK-Wan-Tan-Blätter
  etwa 3/4 l Öl zum Frittieren

🕐 Zubereitung: 50 Min.
➤ Pro Portion ca.: 466 kcal

1 | Fisch sehr klein würfeln. Den
Lauch putzen, waschen und mit
dem zarten Grün fein schneiden.
Den Ingwer und den Knoblauch
schälen und sehr fein hacken.

2 | Den Fisch mit Lauch, Ing-
wer, Knoblauch, Schnittlauch
und Ei mischen und mit
Sesamöl, Sojasauce und Salz
abschmecken.

3 | Die Wan-Tan-Blätter jeweils
mit einem gehäuften TL Fül-

lung belegen. Die Teigtaschen
diagonal zusammenfalten
und gut zusammendrücken.

4 | Das Öl erhitzen. Die Wan
Tans darin portionsweise in
etwa 4 Min. frittieren. Mit
einem Schaumlöffel herausheben und auf einer dicken
Lage Küchenpapier abfetten
lassen. Frisch servieren.

➤ Beilage: süß-saure Chilisauce
➤ Getränk: Bier

mediterran | für Gäste

Linguine mit Gemüse und Fisch

FÜR 4 PERSONEN

➤ 1 kleine Aubergine
  1 kleiner Zucchino
  200 g Cocktailtomaten
  2 Knoblauchzehen
  4 kleinere Fischfilets (z. B.
  Rotbarbe, je etwa 100 g)
  Salz | Pfeffer
  400 g Linguine
  4 EL Olivenöl
  1/8 l Weißwein
  (ersatzweise Fischfond)
  1 TL getrockneter Oregano

🕐 Zubereitung: 35 Min.
➤ Pro Portion ca.: 604 kcal

1 | Die Aubergine schälen,
den Zucchino waschen und
beides klein würfeln. Die
Tomaten waschen und hal-
bieren. Den Knoblauch
schälen und in feine Scheiben
schneiden. Die Fischfilets salzen und pfeffern.

2 | Die Nudeln in reichlich
Salzwasser al dente garen.

3 | Die Hälfte des Öls erhit-
zen. Gemüsewürfel und
Knoblauch darin einige
Minuten braten. Mit Wein
und Tomaten ablöschen, mit
Oregano, Salz und Pfeffer
abschmecken. Zugedeckt bei
schwacher Hitze kurz schmoren lassen.

4 | Die Fischfilets im übrigen
Öl pro Seite etwa 1 Min. braten. Die Nudeln abgießen und
mit dem Gemüse mischen.
Fischfilets darauf anrichten.

TIPP Wer möchte, kann dieses Gericht auch einmal
mit Minigemüse zube-
reiten. Dieses nur hal-
bieren und braten.

herzhaft | preiswert

Spätzle mit Paprikafisch

FÜR 4 PERSONEN

➤ 350 g Mehl
3 Eier
Salz
300 g Fischfilet
1 große Zwiebel
1 grüne Paprikaschote
1 Tomate
2 EL Butterschmalz
1 TL edelsüßes Paprikapulver
1/2 TL rosenscharfes Paprikapulver
150 g saure Sahne
1/2 Bund Petersilie

🕐 Zubereitung: 1 Std.
➤ Pro Portion ca.: 541 kcal

1 | Den Spätzleteig nach dem Grundrezept auf Seite 10 zubereiten und etwa 30 Min. quellen lassen.

2 | Inzwischen das Fischfilet in Würfel schneiden. Die Zwiebel schälen, vierteln und in feine Streifen schneiden. Die Paprikaschote waschen, halbieren, putzen und klein würfeln. Die Tomate waschen und würfeln.

3 | Zwiebel im Butterschmalz glasig werden lassen. Mit beiden Paprikapulvern bestäuben und kurz anschwitzen. Paprika- und Tomatenwürfel dazugeben, mit 50 ml Wasser auffüllen und etwa 5 Min. köcheln lassen.

4 | Die saure Sahne unter die Zwiebelmischung rühren. Den Fisch einlegen und zugedeckt bei schwacher Hitze etwa 10 Min. ziehen lassen. Salzen. Die Petersilie waschen, die Blättchen fein hacken.

5 | Für die Spätzle Salzwasser zum Kochen bringen. Den Teig vom Brett schaben oder durch die Presse hineindrücken. Sobald die Spätzle oben schwimmen, herausfischen und auf Teller verteilen. Fisch darauf anrichten und mit Petersilie bestreuen.

➤ Getränke: kräftiger Weißwein oder Bier

gelingt leicht | preiswert

Nudeln mit Tunfischsauce

FÜR 4 PERSONEN

➤ 1 rote Paprikaschote
2 Knoblauchzehen
400 g Casarecce (ersatzweise Penne oder Fusilli)
Salz
2 EL Olivenöl
1 Dose Tunfisch im eigenen Saft (150 g Abtropfgewicht)
1 EL Kapern
1 EL schwarze Oliven
1/8 l trockener Rotwein (ersatzweise Wasser)
Pfeffer, frisch gemahlen

🕐 Zubereitung: 25 Min.
➤ Pro Portion ca.: 475 kcal

1 | Die Paprikaschote waschen, putzen und in Würfel schneiden. Den Knoblauch schälen und fein hacken.

2 | Die Nudeln in reichlich Salzwasser al dente kochen.

3 | Den Knoblauch im Öl andünsten, die Paprikawürfel dazugeben. Den Tunfisch abtropfen lassen, zerpflücken und hinzufügen. Die Kapern, die Oliven und den Wein dazugeben und alles zugedeckt bei schwacher Hitze etwa 8 Min. schmoren lassen.

4 | Die Tunfischsauce mit Salz und Pfeffer abschmecken. Die Nudeln abgießen und mit der Sauce mischen.

im Bild hinten: **Spätzle mit Paprikafisch**   *im Bild vorne:* **Nudeln mit Tunfischsauce** ➤

Nudeln mit Fleisch

Ob blitzschnell gebraten, geduldig geschmort oder in zartem Teig verpackt, Fleisch passt ausgezeichnet zu Nudeln und schmeckt in dieser Verbindung Groß und Klein. Wichtig ist hier vor allem die Qualität. Kaufen Sie Fleisch also nur bei einem guten Metzger, am besten von Tieren aus artgerechter Haltung.

Blitzrezepte

Schinkennudeln

FÜR 4 PERSONEN

➤ 400 g Bucatini (ersatzweise Spaghetti)
Salz │ 1 Bund Frühlingszwiebeln
200 g roh geräucherter Schinken
1 EL Butter │ 125 g Sahne │ Cayennepfeffer

1│ Die Nudeln in reichlich Salzwasser al
dente kochen. Inzwischen die Frühlingszwiebeln putzen und waschen. In etwa 5 cm
lange Stücke, dann in Streifen schneiden.
Schinken ebenfalls in Streifen schneiden.

2│ Frühlingszwiebeln und Schinken in der
Butter andünsten, Sahne angießen und
alles bei schwacher Hitze ziehen lassen.
Mit wenig Salz und einer Prise Cayennepfeffer abschmecken. Nudeln abgießen
und mit der Schinkensahne mischen.

Nudeln mit Rucolafleisch

FÜR 4 PERSONEN

➤ 1 großes Bund Rucola │ 400 g mageres
Fleisch (z. B. Kalbs-, Schweine-, Rinder-
oder Hühnerbrustfilet) │ 400 g Tagliolini
Salz │ 2 EL Olivenöl │ 100 ml trockener
Weißwein (ersatzweise Hühnerbrühe)
Pfeffer, frisch gemahlen │ 2 EL Crème
fraîche │ 1 TL Zitronensaft

1│ Den Rucola verlesen, waschen und grob
hacken, das Fleisch in Streifen schneiden.
Die Nudeln in reichlich Salzwasser al dente
kochen.

2│ Fleischstreifen im Öl bei starker Hitze
3 – 4 Min. anbraten. Mit Wein ablöschen,
Rucola untermischen und in etwa 2 Min.
zusammenfallen lassen. Mit Salz und Pfeffer abschmecken und mit Crème fraîche
und Zitronensaft verfeinern. Nudeln abgießen und mit dem Rucolafleisch mischen.

asiatisch | gelingt leicht

Gebratene Nudeln mit Huhn

FÜR 4 PERSONEN

➤ 250 g Hähnchenbrustfilet

2 EL Sojasauce

ein paar Tropfen Chiliöl (ersatzweise Chilipulver)

Salz

300 g chinesische Eiernudeln (Mie-Nudeln)

1 Bund Frühlingszwiebeln

1 rote Paprikaschote

150 g Zuckerschoten

6 EL Öl

1/8 l Hühnerbrühe

🕙 Zubereitung: 30 Min.

➤ Pro Portion ca.: 557 kcal

1 | Das Fleisch waschen und abtrocknen. In Streifen schneiden und mit Sojasauce und Chiliöl würzen.

2 | Reichlich Wasser mit Salz zum Kochen bringen. Die Nudeln hineingeben, etwa 4 Min. ziehen lassen. Abgießen, kalt abschrecken und gut abtropfen lassen.

3 | Das Gemüse waschen und putzen. Frühlingszwiebeln

und Paprikaschote in Streifen, Zuckerschoten schräg in 3 cm lange Stücke schneiden.

4 | Den Wok erhitzen. 2 EL Öl hineingeben, Nudeln darin einige Minuten braten. Herausnehmen. Weitere 2 EL Öl erhitzen, Hühnerstreifen darin etwa 2 Min. braten. Ebenfalls herausnehmen.

5 | Das Gemüse in dem restlichen Öl in etwa 4 Min. bissfest braten. Fleisch dazugeben, mit der Brühe ablöschen und salzen. Nudeln untermischen und heiß werden lassen.

für Gäste | gelingt leicht

Reisnudeln mit Ente

FÜR 4 PERSONEN

➤ 1 Entenbrust (etwa 350 g)

1 walnussgroßes Stück Ingwer

2 EL Sojasauce

2 EL Honig

250 g Cocktailtomaten

2 Bund Frühlingszwiebeln

200 g breite Reisnudeln

Salz

4 EL Öl

2 TL Currypaste (Asienladen)

1/8 l Hühnerbrühe

🕙 Zubereitung: 40 Min.

🕙 Marinierzeit: 1 Std.

➤ Pro Portion ca.: 521 kcal

1 | Entenbrust waschen und abtrocknen, die Haut rautenförmig einschneiden. Den Ingwer schälen und durchpressen, mit Sojasauce und Honig mischen, die Entenbrust damit einreiben. 1 Std. im Kühlschrank ziehen lassen.

2 | Tomaten waschen und halbieren. Die Frühlingszwiebeln waschen und putzen, in 5 cm lange Stücke schneiden und diese längs halbieren. Die Reisnudeln in kochendem Wasser in 2–4 Min. bissfest garen, abschrecken und abtropfen lassen.

3 | Die Entenbrust in dünne Scheiben schneiden. Im Öl bei starker Hitze etwa 2 Min. braten, herausnehmen. Frühlingszwiebeln 2 Min. braten, Nudeln dazugeben und erwärmen. Die Currypaste unterrühren.

4 | Die Hühnerbrühe angießen, die Tomaten und das Entenfleisch untermischen und heiß werden lassen. Mit Salz abschmecken.

im Bild hinten: Reisnudeln mit Ente   *im Bild vorne:* Gebratene Nudeln mit Huhn ➤

Spezialität aus der Türkei

Manti mit Joghurtsauce

FÜR 4 PERSONEN
- ➤ 100 g Butter
- 400 g Mehl
- Salz
- 1 Ei
- 4 Frühlingszwiebeln
- 1 Bund Petersilie
- 4 Zweige frische Minze
- 300 g Lammhackfleisch
- 2 TL rosenscharfes Paprikapulver
- 2 Knoblauchzehen
- 300 g Joghurt

🕐 Zubereitung: 1 Std. 15 Min.
- ➤ Pro Portion: ca. 762 kcal

1 | 1 EL Butter zerlassen. Mehl mit 1 TL Salz mischen. Mit der zerlassenen Butter, dem Ei und etwa 150 ml lauwarmem Wasser zu einem glatten Teig verkneten. In ein feuchtes Küchentuch wickeln und etwa 30 Min. ruhen lassen.

2 | Inzwischen die Frühlingszwiebeln waschen und putzen. Mit dem zarten Grün fein hacken. Die Kräuter waschen, die Blättchen fein hacken. Beides mit dem Hackfleisch verkneten und mit Salz und 1/2 TL Paprikapulver abschmecken.

3 | Den Teig noch einmal durchkneten, auf wenig Mehl zu einer dünnen Platte ausrollen und wie unten gezeigt füllen. Auf ein mit Mehl bestäubtes Küchentuch legen.

4 | Die Teigtaschen in reichlich Salzwasser etwa 4 Min. kochen. Inzwischen den Knoblauch schälen und durch die Presse zum Joghurt drücken. Verrühren und mit Salz abschmecken. Die restliche Butter zerlassen und das übrige Paprikapulver darin auflösen.

5 | Die Teigtaschen auf vorgewärmte Teller verteilen und mit etwas Joghurt beschöpfen. Paprikabutter darüber träufeln – sie macht rote Spuren – und sofort servieren.

- ➤ Beilagen: Gurken-Tomaten-Salat und Fladenbrot
- ➤ Getränk: kräftiger Rotwein

1 Füllen

Teigquadrate von 4 x 4 cm Größe ausschneiden. Je einen 1/2 TL Füllung darauf geben.

2 Sterne formen

Die vier Teigecken sternförmig über die Füllung heben und die Ränder gut festdrücken.

3 Kochen

Die Teigtaschen 4 Min. kochen, mit einem Schaumlöffel herausheben und abtropfen lassen.

47

Spezialität aus
Griechenland

Lamm-Zwiebel-Topf mit Kritharaki

FÜR 4 PERSONEN

➤ 600 g Lammkeule
  (ohne Knochen)

  300 g kleine Zwiebeln

  2 Knoblauchzehen

  ein paar Zweige frischer
  Thymian

  2 EL Olivenöl

  1 kleine Dose geschälte
  Tomaten (400 g)

  Saft von 1 Orange

  Salz

  Pfeffer, frisch gemahlen

  1 Prise Zimtpulver

  200 g Kritharaki

🕐 Zubereitung: 1 Std. 30 Min.
➤ Pro Portion ca.: 621 kcal

1 | Das Fleisch in mundgerechte Stücke schneiden. Die Zwiebeln schälen und halbieren. Den Knoblauch schälen und in feine Scheiben schneiden. Den Thymian waschen, Blättchen abstreifen.

2 | Fleisch im Öl portionsweise anbraten, herausnehmen. Zwiebeln mit Knoblauch und Thymian im Bratfett anbraten.

3 | Fleisch wieder dazugeben. Tomaten klein schneiden und mit dem Saft, dem Orangensaft und 1/2 l Wasser hinzufügen. Mit Salz, Pfeffer und Zimt abschmecken und zugedeckt bei schwacher Hitze etwa 1 Std. schmoren lassen.

4 | Nudeln untermischen und weitere 15 Min. garen, bis die Nudeln bissfest sind.

➤ Beilage: Schafkäse
➤ Getränk: Retsina

preiswert | gelingt leicht

Fusilli mit Wurstsugo

FÜR 4 PERSONEN

➤ 1 Zwiebel

  2 Knoblauchzehen

  2 Möhren

  ein paar Zweige frischer
  Thymian

  3 frische Salsicce
  (ersatzweise rohe
  Bratwürste, etwa 300 g)

  2 EL Olivenöl

  1 kleine Dose geschälte
  Tomaten (400 g)

  400 g Fusilli

  Salz | Pfeffer

🕐 Zubereitung: 35 Min.
➤ Pro Portion ca.: 719 kcal

1 | Die Zwiebel und den Knoblauch schälen und fein würfeln. Die Möhren schälen und ebenfalls sehr fein würfeln. Den Thymian waschen, Blättchen abstreifen. Die Wurst aus der Haut drücken.

2 | Zwiebel, Knoblauch, Thymian und Möhren im Öl andünsten. Wurststücke hinzufügen und fein zerkrümeln. Die Tomaten klein schneiden, mit dem Saft in den Topf gießen und alles bei schwacher Hitze offen etwa 20 Min. köcheln lassen. Pfeffern.

3 | Nudeln in reichlich Salzwasser al dente kochen, dann abgießen. Mit dem Wurstsugo mischen und servieren.

➤ Getränk: trockener Rotwein

TIPP
Wer die Wurst durch Hackfleisch ersetzt und zusätzlich 1 Stange Sellerie würfelt und mitgart, hat eine Sauce auf Bologneser Art.

gelingt leicht | preiswert

Fettuccine mit Senfhähnchen

FÜR 4 PERSONEN

➤ 250 g Hähnchenbrustfilet

200 g Spargel (weiß oder grün)

200 g Cocktailtomaten

400 g Fettuccine

Salz

3 EL Öl

50 ml Sherry (ersatzweise Hühnerbrühe)

1 EL süßer Senf

1/2 EL scharfer Senf

50 g Sahne

🕐 Zubereitung: 35 Min.

➤ Pro Portion ca.: 576 kcal

1 | Das Hähnchenfleisch waschen, abtrocknen und in Streifen schneiden. Spargel waschen, putzen oder schälen und schräg in etwa 1 cm dicke Scheiben schneiden. Tomaten waschen und halbieren.

2 | Die Nudeln in reichlich Salzwasser al dente kochen. Gleichzeitig das Öl erhitzen, die Fleischstreifen darin in zwei Portionen kräftig anbraten und wieder herausnehmen. Spargel im Bratfett unter Rühren bei mittlerer Hitze etwa 5 Min. braten, dann mit dem Sherry ablöschen. Hähnchenfleisch und Tomaten untermischen, die beiden Senfsorten und die Sahne unterrühren und mit Salz abschmecken.

3 | Die Nudeln abgießen und mit der Sauce mischen.

➤ Getränk: fruchtiger Weißwein, z. B. Riesling

für Gäste | gelingt leicht

Grüne Nudeln mit Schnetzelfleisch

FÜR 4 PERSONEN

➤ 300 g mageres Fleisch (z. B. Kalbs-, Hähnchenbrust- oder Lammfilet)

150 g Champignons

1 Zwiebel

400 g grüne Bandnudeln

Salz

2 EL Öl

100 ml trockener Weißwein (ersatzweise Brühe)

150 g Sahne

Pfeffer, frisch gemahlen

1 EL Kerbelblättchen

🕐 Zubereitung: 25 Min.

➤ Pro Portion ca.: 618 kcal

1 | Das Fleisch in feine Streifen schneiden. Die Pilze putzen und in dünne Scheiben schneiden. Die Zwiebel schälen und fein würfeln.

2 | Die Nudeln in reichlich Salzwasser al dente kochen. Gleichzeitig das Öl erhitzen und die Fleischstreifen darin portionsweise kräftig anbraten und wieder herausnehmen. Die Zwiebelwürfel im Bratfett glasig braten. Die Pilze hinzufügen und bei starker Hitze unter Rühren etwa 5 Min. braten.

3 | Mit dem Wein und der Sahne aufgießen, salzen, pfeffern und offen leicht einköcheln lassen. Das Fleisch wieder hinzufügen und erwärmen.

4 | Die Nudeln abgießen und in vorgewärmte Teller füllen. Das Schnetzelfleisch darauf verteilen und mit den Kerbelblättchen bestreut servieren.

➤ Getränk: leichter Weißwein

Nudeln für viele

Wenn mal mehr als Vier am Tisch sitzen, man selbst aber trotzdem entspannt bleiben möchte, gibt es viele Möglichkeiten – alle mit Nudeln. Es kann ein Salat oder eine Suppe sein, eine große Schüssel mit Nudeln und einer einfachen Sauce oder auch mal was aus dem Ofen. Etwas, das sich gut vorbereiten lässt und fast von selbst fertig wird.

Blitzrezepte

Penne mit Oliven-Arrabbiata

FÜR 8 PERSONEN

➤ 1 kg Penne | Salz | 100 g entsteinte schwarze Oliven | 1 große Dose geschälte Tomaten (800 g) | 1 Bund Petersilie | 2 EL Olivenöl | 4 getrocknete Peperoncini | 1 Prise Zucker

1 | Die Nudeln in reichlich Salzwasser al dente kochen. Gleichzeitig die Oliven grob hacken. Die Tomaten in der Dose klein schneiden. Petersilie waschen, die Blättchen hacken.

2 | Das Öl erhitzen und die Oliven und die zerkrümelten Peperoncini darin anbraten. Tomaten dazu geben, mit Salz und Zucker würzen. Offen bei starker Hitze etwa 10 Min. einkochen lassen. Nudeln abgießen, mit Sauce und Petersilie mischen.

Nudelsalat mit Schinken und Paprika

FÜR 8 PERSONEN

➤ 500 g kurze Nudeln (z. B. Conchiglie, Hörnchen, Penne, Fusilli) | Salz | 200 g Schinken (roh oder gekocht) | 300 g eingelegte Paprikaschoten (aus dem Glas oder vom Italiener) | einige Zweige frischer Thymian | 2 EL schwarze Oliven | 4 EL Essig | Pfeffer | 7 EL Olivenöl

1 | Die Nudeln in reichlich Salzwasser bissfest kochen, kalt abschrecken und abtropfen lassen.

2 | Schinken und Paprika würfeln. Thymian waschen, Blättchen abstreifen. Nudeln mit Schinken, Oliven, Paprika und Thymian mischen. Essig mit Salz und Pfeffer verrühren, Öl unterschlagen und unter den Nudelsalat mengen.

Klassiker | gelingt leicht

Nudelsuppe mit Huhn

FÜR 8 PERSONEN
➤ 1 Bund Suppengrün
1 Zwiebel
1 Hähnchen (etwa 1,2 kg)
Salz
700 g Gemüse (z. B. Möhren, Lauch, Pilze)
1 Bund Petersilie
250 g Suppennudeln
Pfeffer, frisch gemahlen
1 Prise gemahlener Kümmel

⏲ Zubereitung: 30 Min.
⏲ Kochzeit: 1 Std. 30 Min.
➤ Pro Portion ca.: 405 kcal

1 | Das Suppengrün waschen oder schälen und grob schneiden. Die Zwiebel waschen, ungeschält halbieren. Das Hähnchen waschen.

2 | Alles mit 2 1/2 l Wasser zum Kochen bringen. Bei schwacher Hitze und halb aufgelegtem Deckel 1 Std. 30 Min. leise köcheln lassen, dann salzen.

3 | Das Huhn aus der Brühe heben, etwa 500 g Fleisch ablösen und würfeln. Das

Gemüse waschen, putzen und in schmale Streifen schneiden. Die Petersilie waschen, die Blättchen fein hacken.

4 | Die Brühe durch ein Sieb abgießen, 2 l davon abmessen und erhitzen. Die Suppennudeln und das Gemüse darin in etwa 8 Min. bissfest garen. Das Hühnerfleisch darin erhitzen. Die Suppe mit Salz, Pfeffer und Kümmel abschmecken und mit Petersilie bestreuen.

preiswert
gut vorzubereiten

Gebackene Krautrollen

FÜR 8 PERSONEN
➤ 500 g Mehl
5 Eier
Salz
5 EL Öl
300 g durchwachsener Speck
2 Zwiebeln
1 kg Sauerkraut
2 TL Kümmel
2 TL edelsüßes Paprikapulver
1 TL Zucker
1/2 l heiße Fleischbrühe
etwa 500 g saure Sahne

⏲ Zubereitung: 1 Std.
⏲ Backzeit: 40 Min.
➤ Pro Portion ca.: 658 kcal

1 | Mehl mit Eiern, 1 TL Salz und Öl glatt verkneten und zugedeckt etwa 30 Min. ruhen lassen.

2 | Speck und geschälte Zwiebeln fein würfeln. Beides bei mittlerer Hitze in etwa 15 Min. glasig und weich braten. Sauerkraut klein schneiden und mit 1/8 l Wasser dazu geben. Etwa 15 Min. zugedeckt schmoren lassen. Mit Salz, Kümmel, Paprikapulver und Zucker abschmecken. Backofen auf 200° vorheizen.

3 | Den Teig halbieren und jeweils zu einem dünnen Rechteck ausrollen. Das Sauerkraut darauf verteilen. Beide Platten von der Längsseite her aufrollen und in etwa 4 cm dicke Scheiben schneiden. Nebeneinander mit der Schnittfläche nach oben auf ein tiefes Backblech setzen. Die Brühe angießen.

4 | Die Krautrollen im heißen Ofen (Mitte, Umluft 180°) etwa 40 Min. backen und heiß mit saurer Sahne servieren.

im Bild hinten: **Gebackene Krautrollen** *im Bild vorne:* **Nudelsuppe mit Huhn** ➤

Spezialität
aus der Türkei

Spaghetti mit Hackfleisch

FÜR 8 PERSONEN

➤ 4 Knoblauchzehen
500 g Joghurt
Salz
2 Bund Frühlingszwiebeln
1 kg Spaghetti
4 EL Olivenöl
800 g Hackfleisch (am besten vom Lamm)
2 getrocknete Chilischoten
1 Bund Petersilie
1 Bund Minze

🕐 Zubereitung: 30 Min.
➤ Pro Portion ca.: 800 kcal

1 | Den Knoblauch schälen und durch die Presse drücken. Mit dem Joghurt verrühren und salzen. Die Frühlingszwiebeln waschen, putzen und in feine Ringe schneiden.

2 | Die Spaghetti in reichlich Salzwasser al dente kochen. Inzwischen 3 EL Öl erhitzen. Die Frühlingszwiebeln und das Hackfleisch darin unter Rühren anbraten. Mit zerkrümelten Chilischoten und Salz würzen.

3 | Die Kräuter waschen, die Blättchen fein hacken. 1–2 EL davon beiseite legen, Rest unter das Fleisch mischen.

4 | Die Nudeln abgießen und mit dem restlichen Öl vermischen. Bei Tisch jeweils Nudeln mit Hackfleisch bedecken, mit Knoblauchjoghurt beträufeln und gehackte Kräuter darüber streuen.

gut vorzubereiten
vegetarisch

Cannelloni mit Radicchio

FÜR 8 PERSONEN

➤ 600 g Radicchio
Salz
500 g Lasagneblätter
800 g Ricotta
4 Eier
250 g Parmesan, frisch gerieben
Pfeffer, frisch gemahlen
Muskatnuss, frisch gerieben
2 Fleischtomaten
3 EL Butter
Basilikumblättchen zum Bestreuen

🕐 Zubereitung: 50 Min.
🕐 Backzeit: 30 Min.
➤ Pro Portion ca.: 613 kcal

1 | Den Radicchio in die einzelnen Blätter teilen. In kochendem Salzwasser in etwa 2 Min. zusammenfallen lassen. Herausnehmen, abschrecken und gut abtropfen lassen. Die Nudelblätter im Kochwasser etwa 8 Min. garen. Ebenfalls abschrecken.

2 | Radicchio sehr fein hacken und mit Ricotta, Eiern und 200 g Käse verrühren. Mit Salz, Pfeffer und Muskat abschmecken. Sehr große Nudelblätter halbieren. Radicchiomasse darauf verteilen, von der Längsseite her aufrollen und in eine feuerfeste Form legen.

3 | Den Backofen auf 200° vorheizen. Die Tomaten waschen und klein würfeln. Mit dem übrigen Käse auf den Nudelrollen verteilen. Die Butter in Flöckchen darauf geben.

4 | Die Cannelloni im heißen Ofen (Mitte, Umluft 180°) etwa 30 Min. backen, bis die Oberfläche gebräunt ist. Mit Basilikumblättchen bestreuen.

vegetarisch | preiswert

Griechischer Makkaroniauflauf

FÜR 6 PERSONEN

➤ 500 g Makkaroni
Salz
500 g Zucchini
500 g Fleischtomaten
100 g schwarze Oliven
1 Bund Petersilie
200 g Schafkäse (Feta)
2 Eier
50 ml Milch
6 eingelegte Peperoni

🕐 Zubereitung: 40 Min.
🕐 Backzeit: 40 Min.
➤ Pro Portion ca.: 582 kcal

1 | Die Nudeln in reichlich Salzwasser al dente kochen. Dann kalt abschrecken und abtropfen lassen.

2 | Die Zucchini waschen, putzen und in etwa 1/2 cm dicke Scheiben schneiden. Die Tomaten waschen und in dünne Scheiben schneiden. Oliven entsteinen. Die Petersilie fein hacken. Den Schafkäse mit einer Gabel zerdrücken und mit Eiern und Milch verrühren.

3 | Den Backofen auf 180° vorheizen. Eine Schicht Nudeln der Länge nach in eine feuerfeste Form legen. Mit Zucchini- und Tomatenscheiben belegen, salzen und mit Petersilie und Oliven bestreuen. Mit etwas Käsecreme beträufeln. In gleicher Reihenfolge alle Zutaten in die Form schichten. Zum Schluss die Peperoni dekorativ auf der Oberfläche verteilen.

4 | Den Auflauf im Ofen (Mitte, Umluft 160°) etwa 40 Min. backen, bis er gebräunt ist.

➤ Getränk: Rotwein

gelingt leicht

Makkaronitorte

FÜR 6 PERSONEN

➤ 500 g Makkaroni
Salz
4 EL Olivenöl
150 g italienische Salami (ersatzweise roh geräucherter Schinken)
250 g Mozzarella
100 g Provolone, frisch gerieben (ersatzweise Pecorino)
4 Eier
Pfeffer, frisch gemahlen

1 Prise Chilipulver
Basilikumblättchen zum Garnieren

🕐 Zubereitung: 30 Min.
🕐 Backzeit: 30 Min.
➤ Pro Portion ca.: 662 kcal

1 | Die Nudeln in reichlich Salzwasser al dente kochen. Kalt abschrecken und abtropfen lassen.

2 | Den Backofen auf 180° vorheizen. Eine runde feuerfeste Form mit 1 EL Öl einölen. Die Salami und den Mozzarella würfeln. Unter die Nudeln mischen und in die Form füllen. Den geriebenen Käse und die Eier verrühren, mit Salz, Pfeffer und Chilipulver abschmecken und über die Makkaroni gießen.

3 | Den Kuchen mit dem restlichen Öl beträufeln und im Ofen (Mitte, Umluft 160°) etwa 30 Min. backen, bis der Käse zerlaufen und leicht gebräunt ist. Mit Basilikum bestreut servieren.

➤ Beilage: eine große Schüssel Blattsalat
➤ Getränk: kräftiger Rotwein

Zum Gebrauch

Damit Sie Rezepte mit bestimmten Zutaten noch schneller finden können, stehen in diesem Register zusätzlich beliebte Zutaten wie Ricotta oder Rucola – ebenfalls alphabetisch geordnet und **halbfett** gedruckt – über den entsprechenden Rezepten.

Die Autorin

Cornelia Schinharl interessiert sich für alles, was mit Essen und Trinken zu tun hat. Seit über 15 Jahren bringt sie ihren Erfahrungsschatz als freie Food-Journalistin und Kochbuchautorin zu Papier. Ihr Ideenpotential scheint unerschöpflich, auch für diesen Ratgeber hat sie wieder eine Reihe von Kreationen entwickelt, die jeden Gaumen betören werden.

Die Fotografen

Susie M. und **Pete A. Eising** haben Studios in München und Kennebunkport, Maine (U.S.A.). Sie studierten an der Fachakademie für Fotodesign in München, wo sie 1991 ihr eigenes Studio für Food-Fotografie gründeten. Für dieses Buch fotografierte **Martina Görlach**, zubereitet und angerichtet hat der Foodstylist **Michael Koch**.

Hinweis
Die Temperaturstufen bei Gasherden variieren von Hersteller zu Hersteller. Welche Stufe Ihres Herdes der jeweils angegebenen Temperatur entspricht, entnehmen Sie bitte der Gebrauchsanweisung.

Bildnachweis

Michael Brauner, Karlsruhe: S. 4, S. 5, S. 6 (alle außer unten rechts), S. 7 oben links Teubner Foodfoto: S. 6 unten rechts, S. 7 (alle außer oben links), S. 8, S. 10, S. 11 Alle anderen: FoodPhotographie Eising/StockFood

Impressum

© 2002 Gräfe und Unzer Verlag GmbH, München

Alle Rechte vorbehalten. Nachdruck, auch auszugsweise, sowie Verbreitung durch Film, Funk, Fernsehen und Internet durch fotomechanische Wiedergabe, Tonträger und Datenverarbeitungssysteme jeglicher Art nur mit schriftlicher Genehmigung des Verlages.

Redaktionsleitung: Birgit Rademacker
Redaktion: Sigrid Burghard
Lektorat: Margit Proebst
Korrektorat: Susanne Elbert
Herstellung: Maike Harmeier
Satz: Design-Typo-Print, Ismaning
Repro und Druck: Appl, Wemding
Bindung: Sellier, Freising

ISBN 3-7742-5435-4

Auflage	5.	4.	3.	2.
Jahr	2006	05	04	

Das Original mit Garantie

Ihre Meinung ist uns wichtig. Deshalb möchten wir Ihre Kritik, gerne aber auch Ihr Lob erfahren. Um als führender Ratgeberverlag für Sie noch besser zu werden. Darum: Schreiben Sie uns! Wir freuen uns auf Ihre Post und wünschen Ihnen viel Spaß mit Ihrem GU-Ratgeber.

Unsere Garantie: Sollte ein GU-Ratgeber einmal einen Fehler enthalten, schicken Sie uns das Buch mit einem kleinen Hinweis und der Quittung innerhalb von sechs Monaten nach dem Kauf zurück. Wir tauschen Ihnen den GU-Ratgeber gegen einen anderen zum gleichen oder ähnlichen Thema um.

Ihr Gräfe und Unzer Verlag
Redaktion Kochen
Postfach 86 03 25
81630 München
Fax: 089/41981-113
e-mail: leserservice@
graefe-und-unzer.de

GRÄFE UND UNZER

Ein Unternehmen der
GANSKE VERLAGSGRUPPE

GU KÜCHENRATGEBER

Neue Rezepte für den großen Kochspaß

ISBN 3-7742-4888-5

ISBN 3-7742-5456-7

ISBN 3-7742-4898-2

ISBN 3-7742-5458-3

ISBN 3-7742-5460-5

ISBN 3-7742-4889-3
64 Seiten, 6,90 € [D]

Das macht die GU Küchenratgeber zu etwas Besonderem:

➤ *Rezepte mit maximal 10 Hauptzutaten*
➤ *Blitzrezepte in jedem Kapitel*
➤ *alle Rezepte getestet*
➤ *Geling-Garantie durch die 10 GU-Erfolgstipps*

Gutgemacht. Gutgelaunt.

Änderungen und Irrtum vorbehalten.

NUDELN

➤ Pro Portion rechnet man traditionell 100 g getrocknete Nudeln, Sie können für 4 Personen aber gut die ganze Packung, also 500 g, kochen.

➤ Bei der Wahl der Nudeln kennen Fantasie und persönliche Vorlieben keine Grenzen. Aber, wenn lange Nudeln angegeben sind, bei langen bleiben. Bei kurzen ebenso.

Gelinggarantie für Pasta und Co.

SCHÄRFE

➤ Chilischoten – frisch oder getrocknet – zerkleinern und mitgaren.

➤ Harissa (scharfe arabische Würzpaste) zum Schluss nach Geschmack untermischen oder mit auf den Tisch stellen.

➤ Zu asiatischen Gerichten Sambal oelek oder Chiliöl untermischen oder auf den Tisch stellen.

ZUBEHÖR

➤ Das Sieb sollte standfeste Beine und ausreichend große Löcher haben, damit das Wasser schnell abläuft.

➤ Eine Spaghettizange oder ein Nudellöffel helfen beim Portionieren und Servieren.

➤ Eine Käsereibe muss gut in der Hand liegen und darf beim Reiben keine zu große Kraft erfordern.

AUFHEBEN

➤ Nudeln möglichst nicht über längere Zeit warm halten, sie werden leicht matschig.

➤ Reste besser aufwärmen: Dazu die Nudeln mit etwas Käse mischen und im Backofen kurz überbacken.

➤ Ravioli ungekocht einfrieren und gefroren ins kochende Salzwasser werfen. Die Garzeit verlängert sich dann nur um 2–3 Minuten.